HELGA SANDER

Kreuzstich-Mustertücher nach alten Vorlagen sticken

Mit Zählmustern in Farbe

AUGUSTUS VERLAG

Vorwort

Schon als ich ein Kind war, nicht ahnend, wie wertvoll in späteren Jahren die alten textilen Arbeiten werden sollten, übten die frühen Handarbeiten von Urgroßmutter und Großmutter einen ganz besonderen Reiz auf mich aus.

Als dann noch „unsre Ure" erzählte, unter welchen Bedingungen diese Kostbarkeiten entstanden waren, teils in der weit entfernten Schule, teils zu Hause an langen Winterabenden bei Kienspanlicht, wünschte ich mir sehnlichst, einige dieser Prachtstücke zu bekommen. Zu besonderen Anlässen durfte ich mir dann immer ein Stück auswählen. Ures Truhe und Großmutters Schrank waren angefüllt mir diesen Schätzen.

Damals habe ich begonnen, Textiles aus der großen Verwandtschaft zusammenzutragen. Es hat sich gelohnt! So kann ich Ihnen in diesem Band einige der kostbaren Stickmustertücher aus dem Familienbesitz zeigen.

Meine Begeisterung für diese schönen Dinge möchte ich an Sie weitergeben und Sie zugleich anregen, die alten Muster mit modernen Materialien nachzusticken.

Sie finden für alle abgebildeten Mustertücher eine farbige Zählvorlage. Auf den Originaltüchern wechselt bisweilen die Stichbreite: Statt über zwei Gewebefäden wurde ab und zu über drei Fäden gestickt. Diese wechselnde Stichbreite konnte ich auf dem Karoraster nicht nachzeichnen, da mir für jedes Kreuz nur ein immer gleich großes Karo zur Verfügung stand. Die daraus entstehenden kleinen Abweichungen und Verschiebungen beeinträchtigen das Gesamtbild aber keineswegs.

Daß es möglich ist, die Mustertücher mit modernen Stoffen und Garnen nachzuarbeiten, haben Barbara Dietrich, Elsbeth Milo und Margit Kreis bewiesen, alle drei passionierte und talentierte Stickerinnen, bei denen ich mich herzlich für ihre Mühe bedanke. Sie haben mir sehr geholfen, dieses Buch fertigzustellen.

Inhalt

Einführung

Stickmustertücher haben eine lange Tradition. Sie werden auch ABC-Tücher genannt, weil anfangs nur einfache Alphabete aufgestickt waren in Verbindung mit Ziffern, der Jahreszahl und dem Namen oder Monogramm der Stickerin. Sie galten erst als reines Übungsstück, dann als Beweis erworbener Fertigkeit.

Bald kamen Motive, Muster und schwungvollere Namenszüge hinzu. Blumen, Ornamente und Symbole aus der Volkskunst sind auf vielen der alten Tücher zu sehen. Farbenprächtige Ornamente rahmen oft religiöse Darstellungen ein: Ein sehr beliebtes Motiv sind Adam und Eva unter dem Baum der Erkenntnis, aber auch die Kreuzigung Christi ist auf Mustertüchern häufig dargestellt. Oft wird das Kreuz von Maria und dem Johannes flankiert, bisweilen sind auch die Leidenswerkzeuge aufgestickt. Das Osterlamm mit der Siegesfahne, Symbol der Auferstehung, ist ein weiteres gebräuchliches Motiv (siehe Seite 32), ebenso wie der Weinstock.

Aber auch profane Bilder werden gern (siehe Seite 5) verwendet: der Pfau oder das Pfauenpaar, ein höfisches Paar, der Doppeladler oder der liegende Hirsch (siehe Seite 5).

Oft wiederkehrende Themen aus dem 18. Jahrhundert sind der Papagei auf der Stange oder Pudel. Tempel auf grünen Hügeln, Ruinen und Säulenfragmente, meist umgeben von Ziersträuchern gehören zum Freundschafts- und Erinnerungskult der Romantik.

Entnommen sind die Einzelmotive und Ornamente häufig Vorlagebüchern. Das ältestebekannte Musterbuch veröffentlichte Johann Schönsperger im Jahr 1523 in Augsburg unter dem Titel „Furm oder Modelbüchlein". Großer Beliebtheit erfreute sich besonders im süddeutschen Raum das Werk „Schön neues Modelbuch" von Johann Sibmacher aus dem Jahre 1597. Dieses Anleitungsbuch, dessen Zählmuster bereits mit einem Raster versehen sind, enthält neben zahlreichen geometrischen Mustern auch viele figürliche Motive.

Auch farbige Zählmuster, wie wir sie Ihnen vorlegen, sind keine Erfindung unserer Tage: Bereits im 19. Jahrhundert kamen kolorierte Stickvorlagen auf den Markt.

Um 1880 erschienen in Berlin im Verlag Heinrich Kühn Kreuzstichmuster auf gerastertem Papier, meist in Leporello-Form (siehe Abbildung Seite 5). Die dort abgedruckten Muster kehren auf zahllosen Mustertüchern immer wieder, ein Zeichen für die große Beliebtheit dieser Leporellos.

Als Stickgrund für Mustertücher wurde fast ausschließlich Leinen verwendet, weil sich das regelmäßige Gewebe besonders gut zum Auszählen der Fäden eignete. Gegen Ende des 19. Jahrhunderts kam der Stramin auf den Markt, der den Schulmädchen das fadengebundene Sticken noch weiter erleichterte.

Gestickt wurde mit selbst eingefärbten Leinenfäden, teilweise auch mit bunten Seidenfäden. Mustertücher des 19. Jahrhunderts weisen auch Stickereien mit Woll- oder Baumwollfäden auf.

Am häufigsten wurde im Kreuzstich gestickt, der auch heute noch besonders beliebt ist. Abwandlungen davon sind der Flechtstich, der Hexenstich und der Sternchenstich. Gelegentlich kommt der Steppstich vor, wenn Konturen besonders hervortreten sollen. Der Holbeinstich ist selten.

Material

Stickgrund
(Stramin, Leinen, grobes Baumwollgewebe, Aida-Stoff)

Stickgarn
(Wolle, Sticktwist)

Sticknadeln
mit stumpfer Spitze (je nach Stoffstärke und Garn)

Schere

Stickvorlage

Lineal

Der **Stickgrund**, also das Gewebe, auf dem gestickt wird, bestimmt die Maße der fertigen Arbeit. Nur wenn der gewählte Stoff in Stärke und Fadenzahl pro Zentimeter dem Original entspricht, wird ein nachgesticktes Mustertuch der Vorlage gleichen.

Im Fachhandel finden sich die verschiedensten Gewebe für Kreuzstickereien, vom leicht auszählbaren Aida-Stoff, den die meisten Stickerinnen noch aus ihrer Schulzeit kennen, über grobfädige Mischgewebe bis hin zu kostbarem Leinen (z. B. von *Zweigart & Sawitzki*).

Als **Stickgarn** wurde früher vielfach farbige Wolle verwendet, heutzutage hingegen ist Sticktwist eher üblich. Das sechsfädige Baumwollgarn ist in einigen hundert verschiedenen Farben erhältlich und wird zum Sticken geteilt, also je nach Stoffstruktur und -stärke zwei- oder dreifädig verarbeitet. Die Farbangaben bei den Vorlagen beziehen sich auf *Anchor*-Garn von *Coats Mez.* Sie exakt denen der Original-Tücher anzugleichen, war nicht immer möglich, doch habe ich versucht, den jeweils ähnlichsten Ton auszuwählen. Übrigens sind die meisten Farben im Laufe der Zeit stark ausgebleicht und erscheinen jetzt viel heller als zur Entstehungszeit der Mustertücher. Auf der Rückseite der Stickereien sind die sehr viel intensiveren Farben häufig noch zu erkennen. Wer mag, kann also ohne weiteres kräftigere Töne wählen.

Fadengebundene Stickereien wie die Kreuzsticharbeiten erfordern **Sticknadeln** mit stumpfer Spitze, damit die Gewebefäden nicht angestochen werden. (Spitze Nadeln werden zum Beispiel für die klassische Weißstickerei verwendet.) Die Nadelstärke hängt von der Stoff-

qualität und dem gewählten Garn ab. Für groben Aida-Stoff wird man eine dickere Nadel wählen als für feines Leinen.

Eine handliche, spitze und scharfe **Schere** erspart viel Ärger bei der Arbeit.

Die **Stickvorlagen** in diesem Buch sind besonders leicht nachzuarbeiten: Sie müssen sich nicht durch eine Vielzahl verschiedener Symbole für die einzelnen Farben quälen, sondern sehen die Muster bereits in Farbe. Wir haben versucht, die Farben denen der Original-Stickereien möglichst weit anzugleichen.

Sehr zarte Töne haben wir jedoch absichtlich kräftiger wiedergegeben, um Ihnen das Nachsticken zu erleichtern.

Wenn Sie während der Arbeit die jeweilige Stickreihe auf der Vorlage mit einem **Lineal** markieren, können Sie sich jederzeit leicht orientieren und vermeiden Fehler.

Tips für das Sticken im Kreuzstich

Bei den nachfolgenden Tips wird der Kreuzstich in zwei Arbeitsgängen von oben nach
unten gearbeitet. Der Kreuzstich besteht aus
einem Unterstich und einem Deckstich. In den
folgenden Darstellungen stellt jeder Strich des
gezeichneten Gitters einen Gewebefaden dar.
Die gestrichelten Linien zeigen den Stickfaden-
verlauf auf der Rückseite.

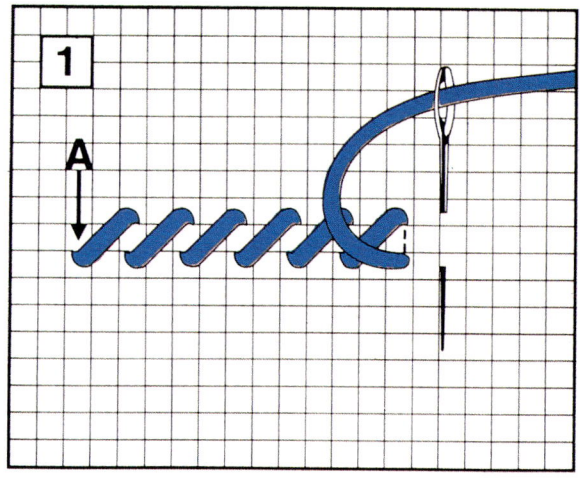

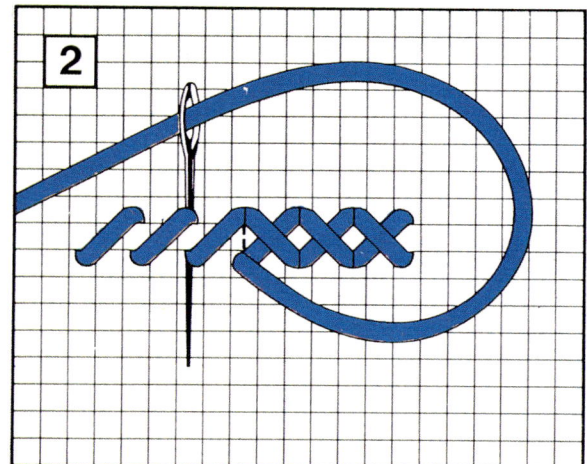

*Die Abbildungen 1 und 2 zeigen das Arbeiten von waage-
rechten vollen Kreuzstichreihen. Am Punkt A beginnen Sie
die Hinreihe mit den Unterstichen, die von links unten nach
rechts oben gearbeitet werden. In umgekehrter Richtung
werden dann die Deckstiche gesetzt.*

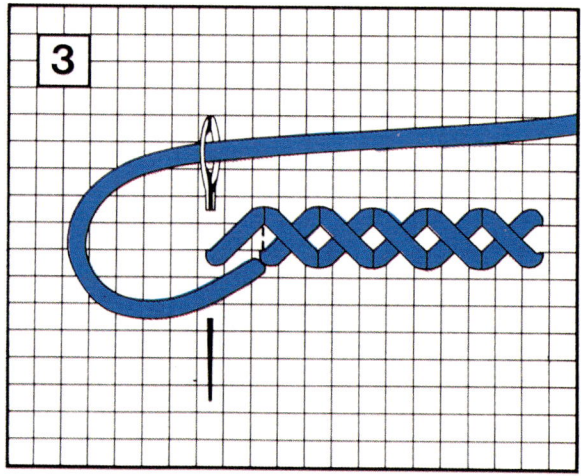

*Die Abbildungen 3 und 4 zeigen Ihnen den Übergang zur
nächsten darunterliegenden Kreuzstichreihe.*
*Vom letzten Deckstich aus stechen Sie die doppelte Anzahl
von Gewebefäden nach unten und beginnen dort mit der
neuen Reihe.*

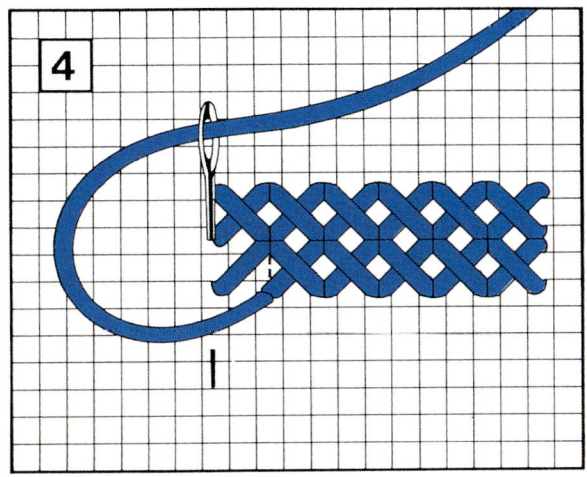

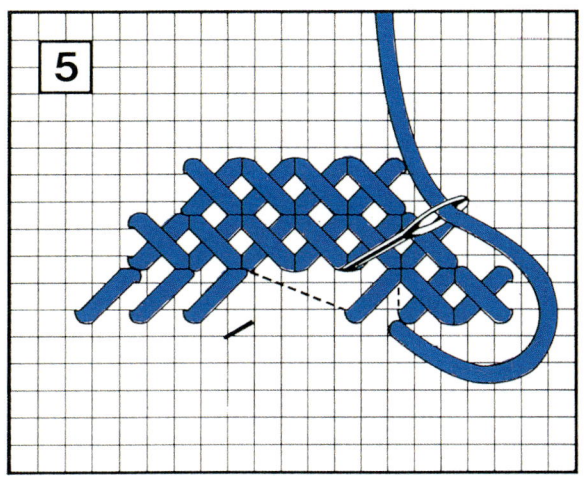

In der Abbildung 5 sehen Sie, wie Sie Zwischenräume von ein oder zwei Stichen in der Reihe übergehen können.

Wie Sie diagonal verlaufende Kreuzstiche einzeln sticken, sehen Sie in Abbildung 6.

Abbildung 7: Beim Arbeiten mancher Motive ist es nötig, einige Kreuzstiche um einen Faden versetzt zu sticken.

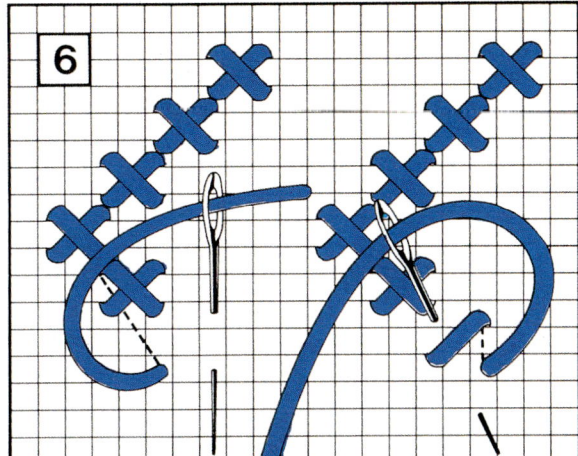

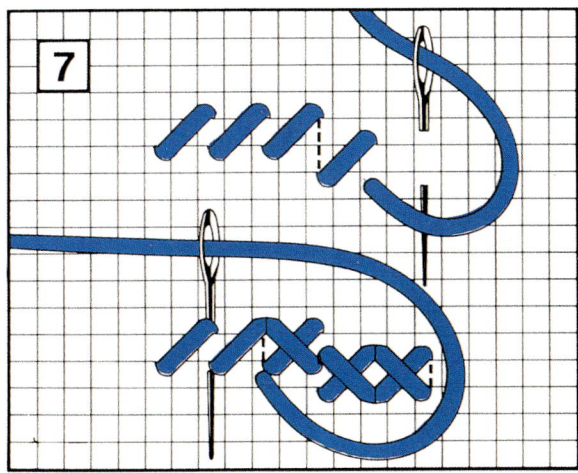

Mustertuch (anonym)
1789

10

Voll Stolz präsentiere ich Ihnen hier das wohl älteste Stickmustertuch aus dem Familienbesitz. Es trägt die Jahreszahl 1789.

Stickgrund ist Leinen, das der Tradition folgend vom Anbau des Flachses bis hin zum Weben auf dem Webstuhl des Bauernhofes selbst hergestellt wurde. Als Stickgarn wurden Seidenfäden in zarten Farben verwendet.

Die lose Folge von Buchstabenreihen, einzelnen Buchstaben und Motiven weist darauf hin, daß die Stickerin ohne Vorlage arbeitete. Die ständig wechselnde Stichbreite von zwei zu drei Fäden bestätigt diese Vermutung.

Eine Besonderheit sind die Buchstabenreihen, bei denen die Kreuzstiche durch Steppstiche konturiert werden.

Die große Anzahl und Vielfalt der aufgestickten Kronen hat mich neugierig gemacht, und ich forschte in der Familienchronik und in Nachschlagewerken ihrer Bedeutung nach, blieb aber erfolglos. Vielleicht hatte einfach nur die Stickerin oder ihre Lehrerin eine besondere Vorliebe für dieses Motiv.

Die wechselnde Stichbreite führt auf der Stickvorlage zu einigen Verschiebungen, da pro Kreuzstich jeweils ein Kästchen zur Verfügung steht – egal ob der Stich über zwei oder drei Fäden geführt ist. Die kleinen Abweichungen beeinträchtigen das Gesamtbild nachgestickter Tücher aber nicht.

Sticken Sie das Tuch auf feinem Leinen nach. Je nach Stoffstärke und -struktur verwenden Sie den Sticktwist zwei- oder dreifädig.

Garnnummern
(*Anchor*-Sticktwist von *Coats Mez*):

	235
	234
	897
	1006
	323
	301
	303
	268
	265
	1049
	979
	975

12

13

Mustertuch
mit dem
Monogramm AW

Viel Fleiß war nötig, um ein Mustertuch mit so aufwendigen Motiven und Mustern anzufertigen, das sich ganz deutlich von den üblichen ABC-Tüchern abhebt. Stickgrund ist Stramin, Wolle das Stickgarn. Die großartigen Musterbordüren weisen auf eine geübte Stickerin hin. Die sechs bunten Felder im Mittelteil des Tuches zeigen Flächenmuster, die sich zum Beispiel für das Polster eines Fußschemels oder den Sitz eines gepolsterten Stuhles eignen.

Alle Motive, Buchstaben und Muster sind im Kreuzstich gestickt mit einer Ausnahme: Die mittlere Musterreihe auf der rechten Seite ist im Sternchenstich in Rot und Hellgrün gearbeitet.

Zum Nacharbeiten empfehle ich Stramin als Stickgrund und Stickwolle (*Anchor Tapisserie* von *Coats Mez*) in folgenden Farben:

- 9800
- 8874
- 8202
- 8198
- 8194
- 8394
- 8156
- 8120
- 8112
- 8970
- 8984
- 9156
- 9154
- 8794
- 8776
- 9602
- 9600
- 8060
- 8052
- 8006

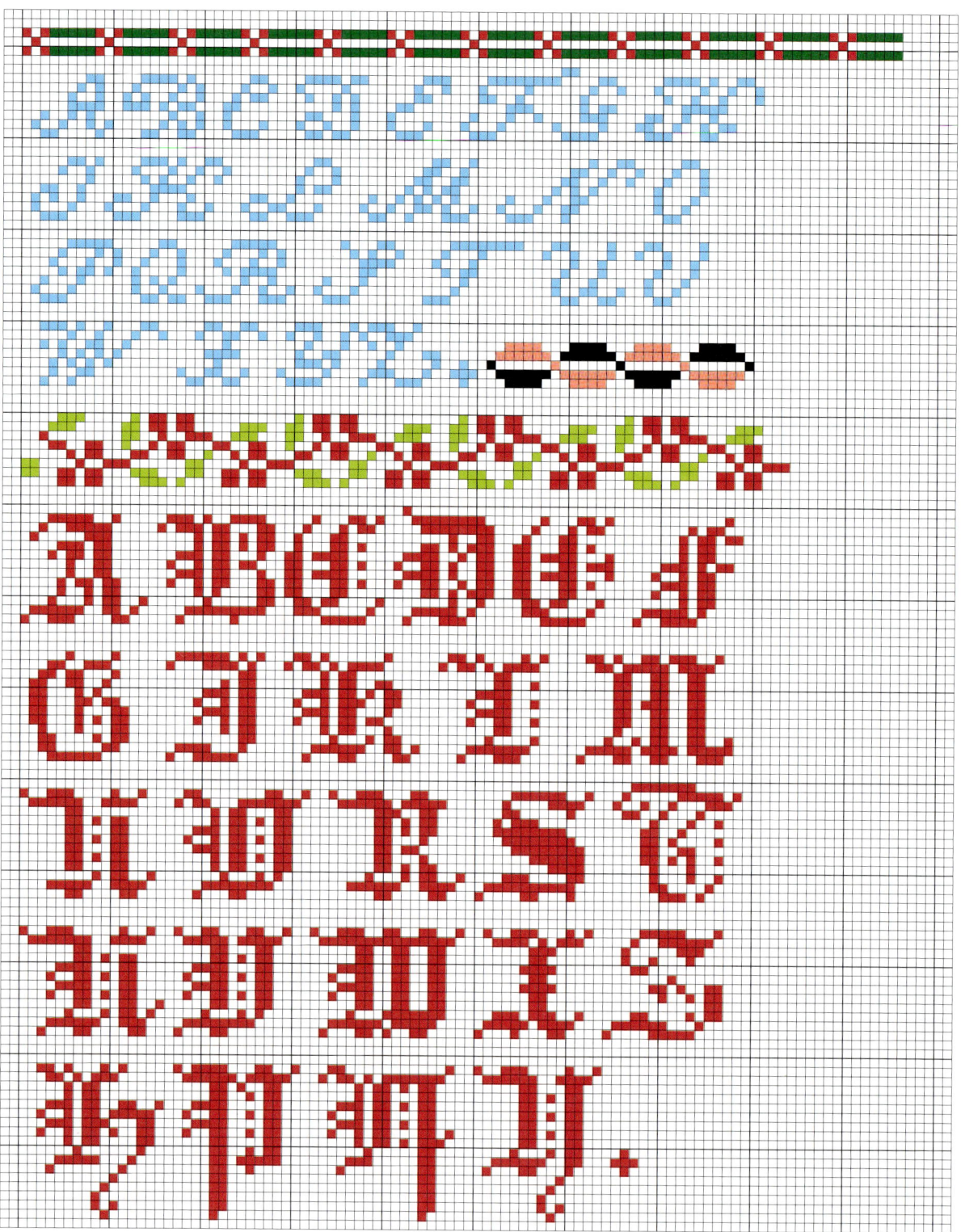

17

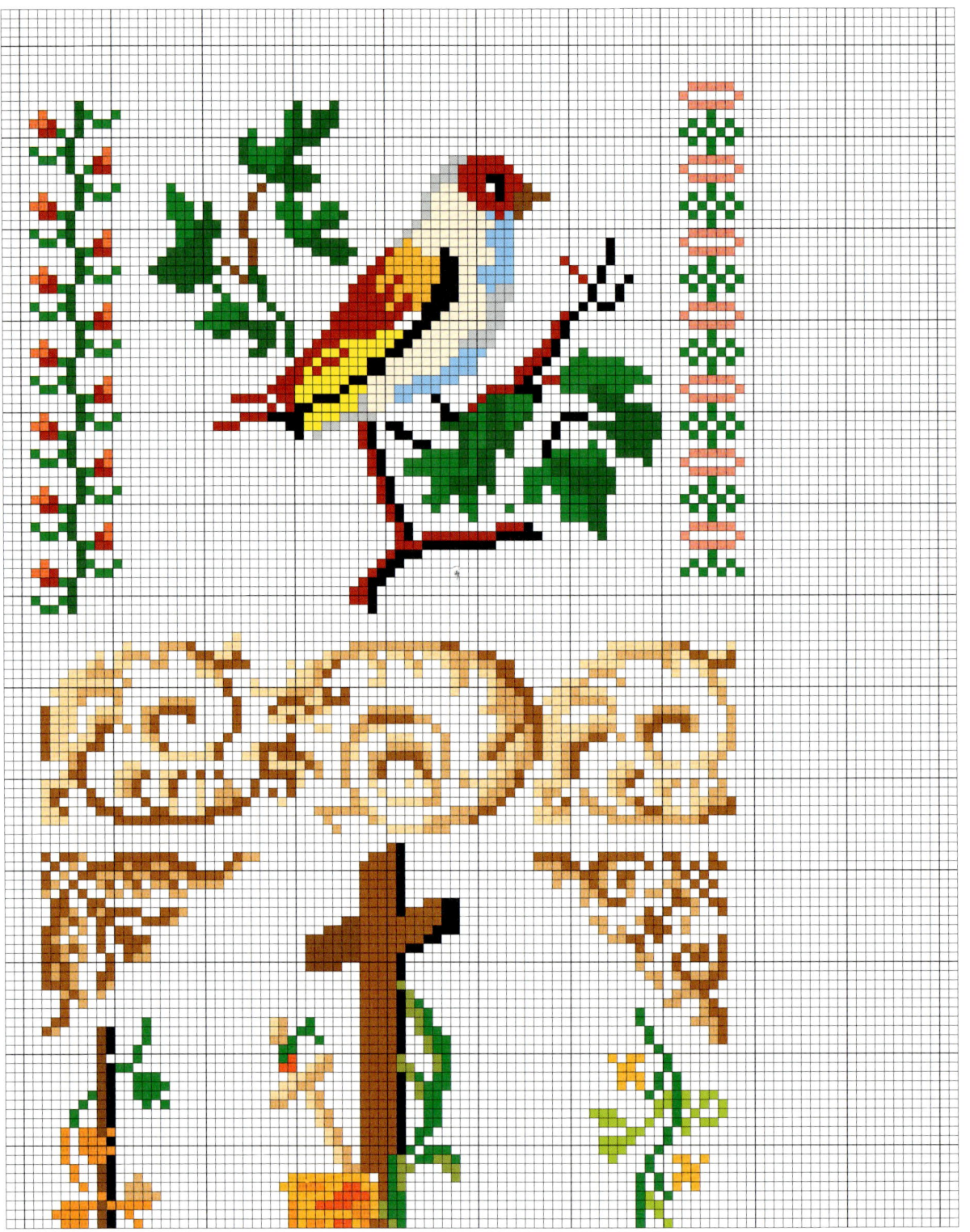

18

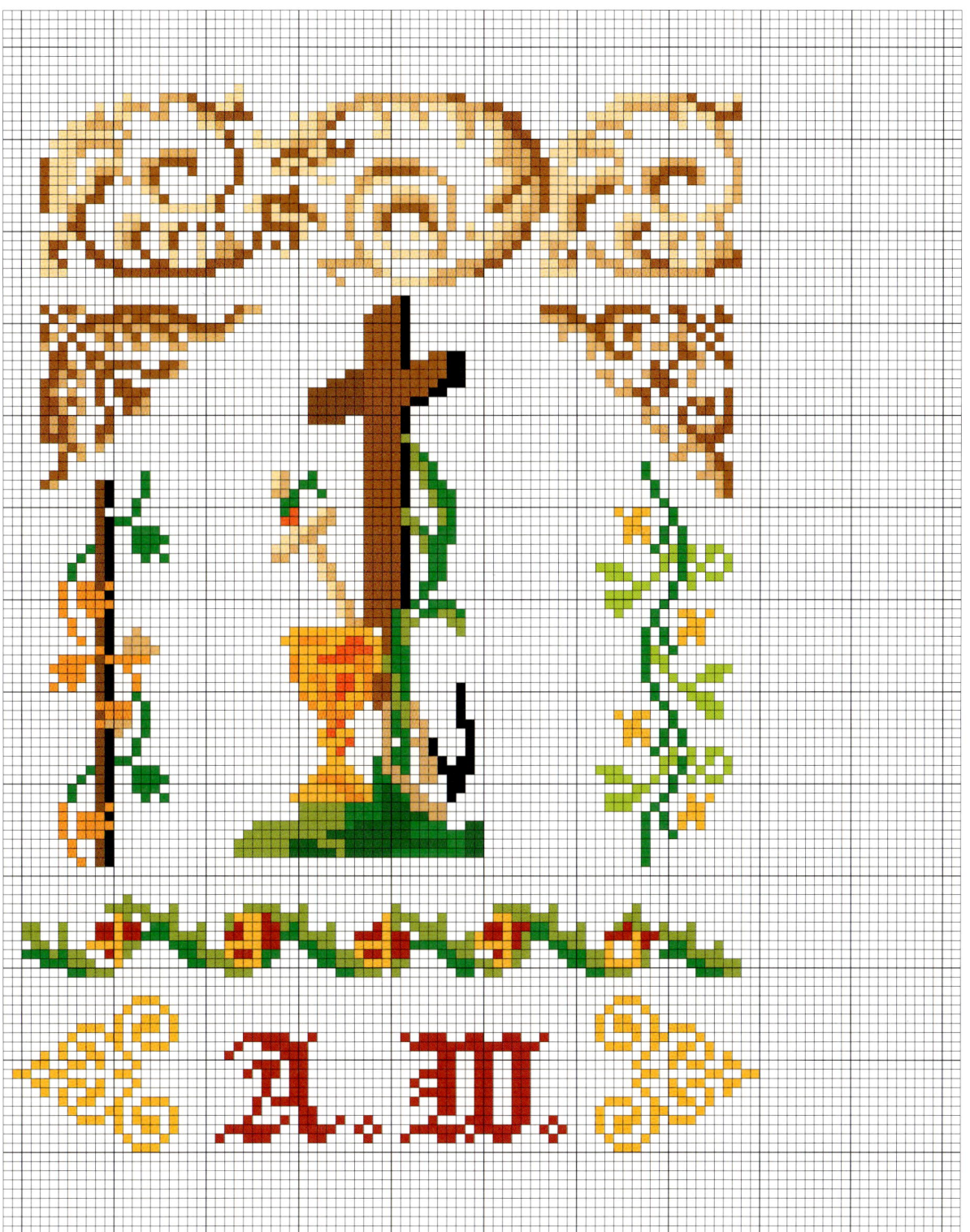

19

Mustertuch der Dorothea Klemens 1827

Auf feines, naturfarbenes Leinen ist dieses Mustertuch gestickt. Ungewöhnlich sind die Farben der Buchstaben: Grün, Grau und verschiedene Brauntöne. Die Motive in der unteren Hälfte des Tuches sind dagegen sehr farbenfroh dargestellt.

Verwenden Sie zum Nachsticken feines, naturfarbenes Leinen.

Garnnummern
(*Anchor*-Sticktwist von *Coats Mez*):

🟧	326
🟧	336
🟪	894
🟪	1019
🟪	1016
🟩	255
🟩	256
🟩	257
🟩	262
⬜	231
🟫	369
🟫	374
🟫	382
🟫	944
🟫	362
🟫	363
⬜	366
⬜	367
🟨	300
🟨	301
🟨	891

22

24

25

Mustertuch der Nanni Strasser
1864

Dieses prächtige Stickmustertuch kann ich Ihnen gleich zweifach zeigen: Das Original aus dem Jahr 1864 ist rot eingefaßt. Mit großer Begeisterung hat Barbara Dietrich es auf mittelgrobem Leinen nachgestickt.

Garnnummern
(*Anchor*-Sticktwist von *Coats Mez*):

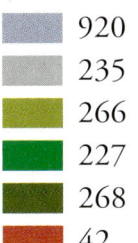

- 920
- 235
- 266
- 227
- 268
- 42
- 371
- 360
- 1023
- 300
- 305
- 94
- 110
- 326
- 307
- 306

Garnnummern für die Buchstaben:

- 131
- 162
- 54
- 87
- 92
- 920
- 316
- 326
- 42
- 371
- 923
- 244
- 256
- 238
- 204
- 869
- 47
- 168

29

30

Mustertuch
mit dem Monogramm
TS 1885

Dieses Mustertuch weist eine faszinierende Ansammlung von Mustern und Motiven auf, die sicher auf anderen Stickereien wieder verwendet wurden. Die Motive im oberen Teil sind sicher der Stickvorlage von Heinrich Kühn entnommen und in freier Farbwahl ausgestickt. Die Darstellung des Osterlammes mit der Siegesfahne ist von den anderen Mustern abgegrenzt durch die Weinranke oben und die Sternchenmotive unten.

Elsbeth Milo hat dieses Tuch perfekt nachgestickt und tritt damit den Beweis an, daß die alten Tücher durchaus originalgetreu nachgearbeitet werden können, wenn das Material sorgfältig ausgewählt wird.

Zum Nachsticken eignet sich mittelgrober Zählstoff.

Garnnummern
(Anchor-Sticktwist von *Coats Mez):*

68
59
897
13
894
324
306
323
881
234
235
874
238
243
923
859
403
1
121
146

ABCDEFGHIK
OPQRSTUV
WXYZ
T.S.   1885

abcdefghiklmno
pqrstuvwxyz.

Mustertuch der Margarete Klinger
1889

Einzigartig in den Farben und Motiven, ungewöhnlich vom Maß her ist dieses Mustertuch
aus grobem Zählstoff, mit Baumwollgarn aus-
gearbeitet. Die scheinbar zusammenhanglose
Aneinanderreihung unterschiedlicher Motive
diente nicht nur dem Erlernen feiner Handarbeiten und dem Erlangen von Fingerfertigkeit.
Ein solches Mustertuch stellte auch ein Archiv
an Motiven dar, die jederzeit auf andere Ob-
jekte zu übertragen waren. Noch heute befin-
den sich im Familienbesitz Tischdecken, Über-
handtücher und Spruchbänder mit Motiven aus
diesem Mustertuch.

Zum Nacharbeiten empfehle ich groben
Zählstoff.

Garnnummern
(Anchor-Sticktwist von *Coats Mez):*

292
297
305
890
901
307
1003
1004
324
9
13
42
60
244
254
923
227
245
683
380
161
1037
410
433
897

38

Mustertuch
mit dem Monogramm EE
1912

Die auf dieses Tuch gestickten Ornamente können für viele Stickarbeiten genutzt werden. Trotz der vielen unterschiedlichen Muster, die hier aneinandergereiht wurden, macht gerade dieses Tuch einen sehr harmonischen Eindruck, nicht zuletzt durch die zurückhaltende Farbwahl. Neben dem einfachen Kreuzstich wurden Schlingenstich, Holbeinstich und Sternchenstich verwendet.

Zum Nachsticken eignet sich grobes Siebleinen.

Garnnummern
(Anchor-Sticktwist von Coats Mez):

🟥	13
🟦	168

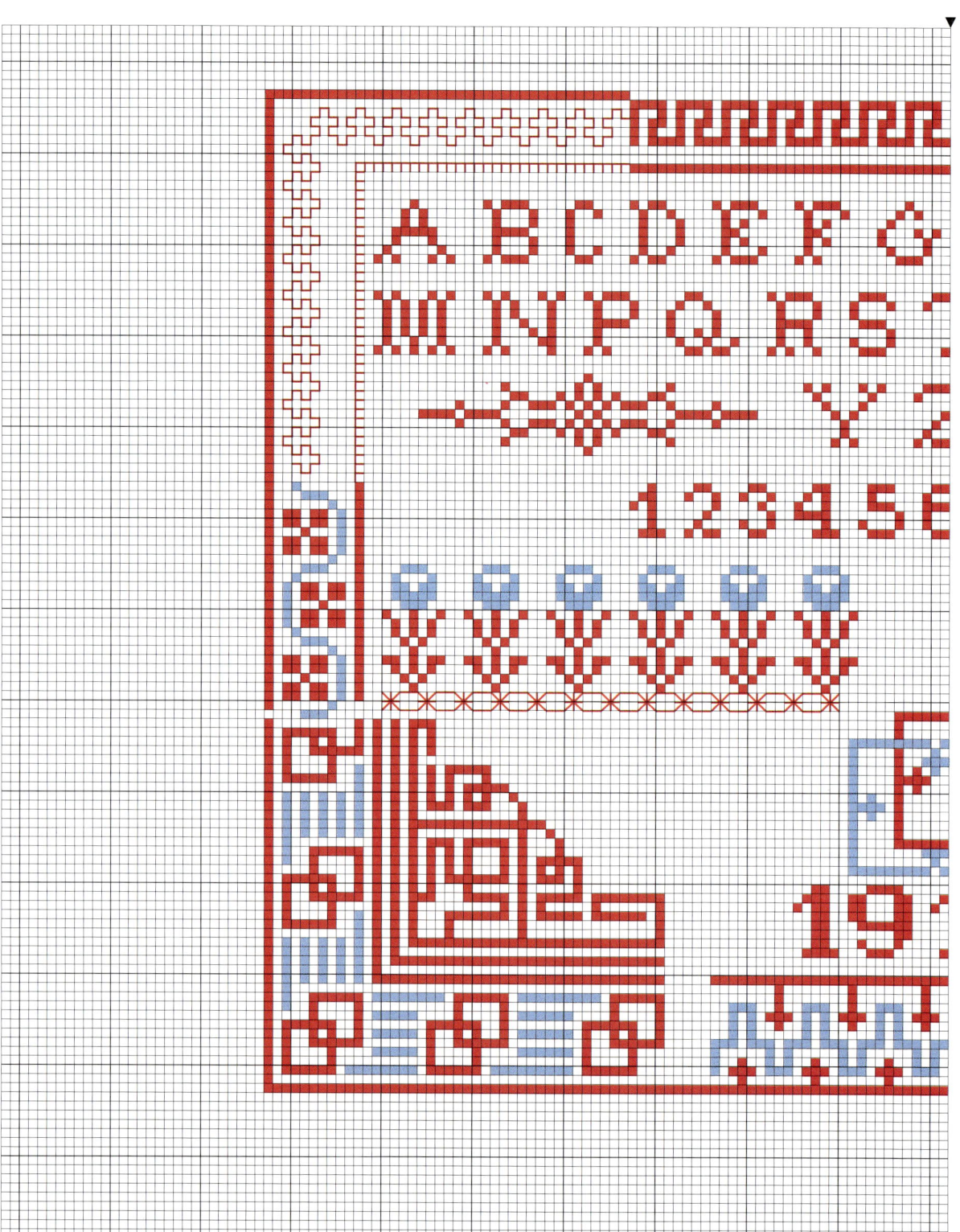

42

Mustertuch der Theres Seitz
1881

Das Original dieses Tuches besteht nur noch aus Fragmenten. Mit viel Geduld war es mir möglich, eine farbige Zeichnung anzufertigen, nach der die Zählvorlagen am Computer erarbeitet wurden.

Im Laufe der Zeit sind die Farben am Original erheblich ausgebleicht, während sie auf der Rückseite erhalten blieben. Davon habe ich die Farben für die Vorlagenzeichnung abgenommen. Stern-Aida von *Zweigart* ist der Stickgrund für das neu gestickte Tuch.

Garnfarben:

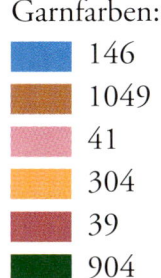

- 146
- 1049
- 41
- 304
- 39
- 904
- 239
- 297

Eingefaßt mit Baumwollstoff, dunkelpink.

Die harmonische Anordnung von Bordüren, Blumenranken und Motiven läßt darauf schließen, daß dieses Sticktuch eher aus Freude am Sticken und zur Dekoration angefertigt wurde als zum bloßen Erlernen des Stickens.

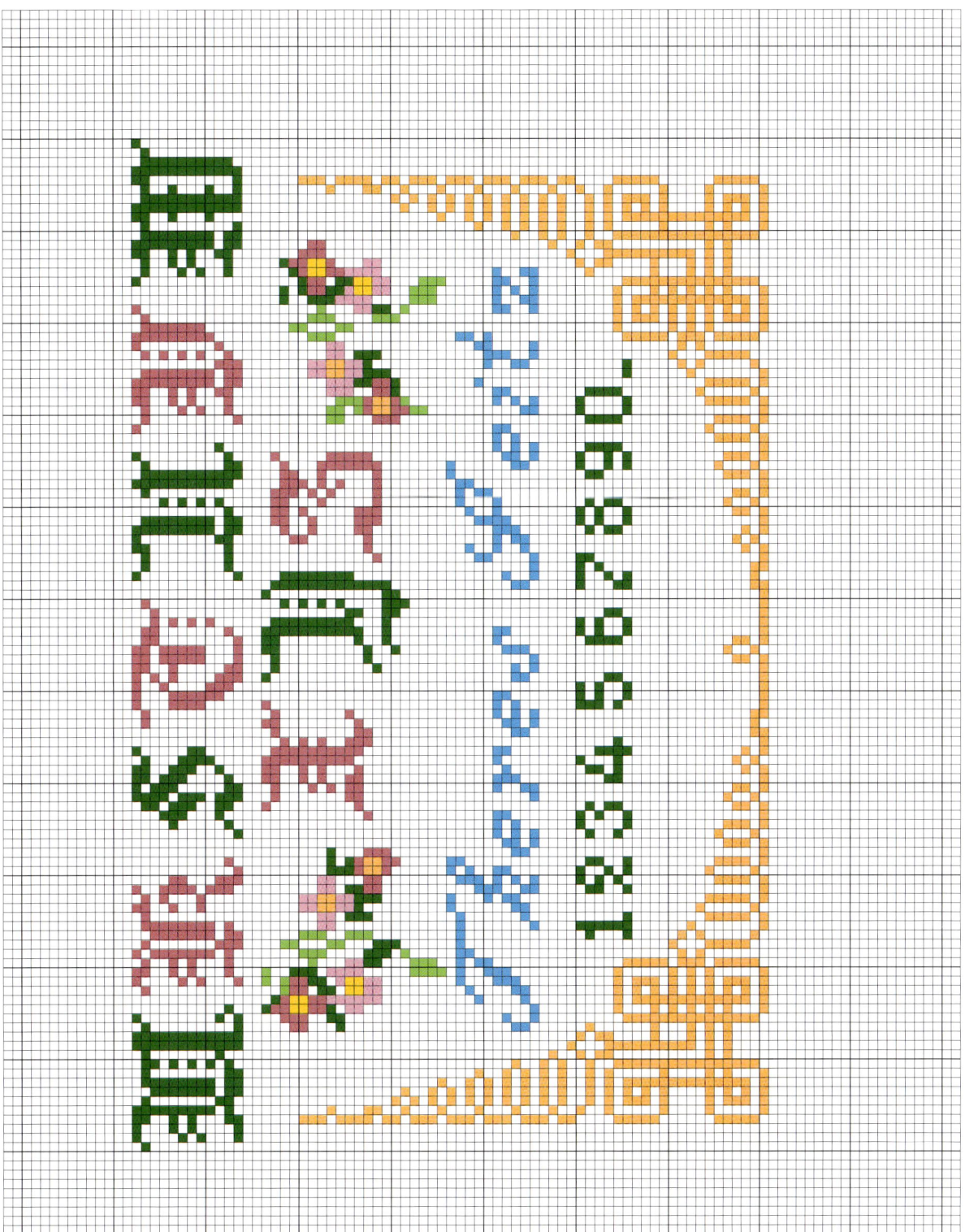

Fotografie: Josef Beck, Eschenlohe
Grafiken auf S. 8/9: Coats Mez
Computergrafik: Anton Wagner, Gundelfingen
Lektorat: Helene Weinold
Umschlaggestaltung: Christa Manner, München
Layout: Anton Walter, Gundelfingen
AUGUSTUS VERLAG AUGSBURG 1994
© Weltbild Verlag GmbH, Augsburg
Satz: Walter Werbegrafik, Gundelfingen
Reproduktion: Repro Ludwig, A-Zell am See
Druck und Bindung: Appl, Wemding
ISBN 3-8043-0253-X
Printed in Germany